AF389262

LE MOYEN

DE DEVENIR

PEINTRE

EN TROIS HEURES.

7112
P.
240

LE MOYEN

DE DEVENIR

PEINTRE

EN TROIS HEURES.

Et d'exécuter au pinceau les Ouvrages des plus grands Maîtres, sans avoir appris le dessein.

Nouvelle Edition, revuë, corrigée & augmentée.

A AMSTERDAM.

Chez M. MAGÉRUS.

M. DCC. LXVI.

PRÉFACE.

L A Peinture couchée sur une estampe appliquée sur le verre ou les glaces, a tant d'attraits qu'elle surpasse de beaucoup la mignature, & par la vivacité de son éclat & par la douceur de sa touche. Tout le monde peut y réussir, sans avoir appris les premiers élémens même du dessein; mais cette même maniere de peindre si amusante & si aisée, est connue de très-peu de personnes. Le premier qui l'a inventée n'a communiqué

ſon ſecret qu'à quelques amis;
& quoiqu'aujourd'hui pluſieurs
eſſayent d'y réuſſir, c'eſt encore un myſtere. Il n'en eſt pas
un pour moi, & j'entreprends
de le dévoiler dans toutes ſes
parties, en faveur, particuliè-
ment, des Dames, qui trouveront dans ſon exercice le plus
gracieux des amuſemens. On
n'eſt pas toujours à portée d'a-
voir auprès de ſoi des perſon-
nes qui puiſſent inſtruire de tout
ce qui y a du rapport, & il ſera aiſé de ſe procurer ce petit
Ouvrage, qui renferme toutes

les inſtructions néceſſaires. Les Ouvrages que j'ai faits dans ce genre ſont aſſez connus, pour être caution de la vérité que j'avance. Je n'ai paſſé ſous ſilence que la maniere de colorer les fleurs, parce qu'elles ſont ſi variées, qu'il eût fallu entrer dans un détail qui ne finiroit pas. D'ailleurs, tout y eſt, jusqu'aux différens mélanges des couleurs, & les proportions même de chacune pour ces mélanges. Ce qui ne ſera pas d'une petite utilité aux jeunes Peintres, tant à l'huile qu'aux autres genres.

vû l'embarras où ils ſe trouvent
très-ſouvent pour le choix des
couleurs qu'ils doivent employer
pour repréſenter tel ou tel objet.

PREMIER
ENTRETIEN.

LA MARQUISE.

BON JOUR M. VISPRE', m'apportez-vous mon miroir?

M. VISPRE'.

Oui, Madame, le voici dans cette boîte, tel que vous me l'avez commandé. Comment le trouvez-vous?

LA MARQUISE.

A ravir: je vois la vérité de ce que l'on m'avoit dit, que cela réunissoit les deux objets les plus gracieux & de la grace & du tableau; mais si au lieu

A

de ces deux moineaux, qui en battant des aîles se tiennent bec à bec, il n'y en avoit qu'un, cela ne diminueroit point la beauté de l'Ouvrage ; qu'en pensez-vous ?

M. VISPRE'.

Il n'est gueres possible d'y rien changer ; mais si vous le souhaitez, Madame, j'exécuterai sur une autre glace le même sujet, avec le correctif que vous me prescrirez.

LA MARQUISE.

En faveur de votre complaisance, & de cette guirlande peinte avec un frais si naturel, qu'elle semble détachée de la glace, je pardonne aux moineaux, à condition cependant que vous satisferez à quelques petites curiosités de femme fur votre Art ; car je vous avouerai que je fuis folle de peinture, & fi je n'avois pas bientôt vingt-cinq ans, je crois en vérité que je deviendrois votre écoliere.

M. VISPRE'

Votre goût, Madame, décele vos heureufes difpofitions & s'eft fortifié avec l'âge ; peu de leçons mettroient l'écoliere en état, non feulement de s'amufer, mais de paffer de beaucoup le Maître.

LA MARQUISE.

Vous être fort obligeant, Monfieur ; je me fens d'humeur d'exercer votre patience.

M. VISPRE'

Je me trouve infiniment honoré du choix que vous faites de moi, & je répondrai, Madame, à vos intentions du mieux qu'il me sera possible.

LA MARQUISE.

Eh bien, commençons par le genre qui a le plus de rapport à votre talent, je veux dire la peinture sur verre: instruisez-moi de sa Méthode, dans l'exécution.

M. VISPRE'.

Peinture sur verre.

L'Art de peindre sur le verre fut connu des Anciens. Les précieux restes que nous en trouvons sur les vitreaux de quelques-uns de nos Temples, nous font gémir fur les malheurs des tems, qui en ont fait périr une bonne partie, & ont prefque enfeveli fous leur ruine la Théorie & la Pratique. Quelques-uns prétendent même qu'elles font aujourd'hui totalement ignorées. On affure cependant qu'un Benedictin a reffufcité cet Art depuis quelques années, & que fes Ouvrages ne le cédent en rien à ceux des Anciens que nous admirons. On peut en juger par les réparations qu'il a faites aux vîtreaux des Abbayes de Saint Denis, de Saint Germain des Prés, & ailleurs.

Ce fecret nous eft venu, dit-on, d'Allemagne ; & fans doute que les matieres qu'ils employoient pour leurs couleurs étoient les mêmes que celles dont on fait ufage aujourd'hui, c'eft-à-dire, les écailles qui tombent fous les enclumes des Maréchaux lorfqu'ils forgent, le fablon blanc, les petits cailloux de rivieres les plus tranfparens, la mine de plomb, le falpêtre, la rocaille, le périgueux, le farre, le gyps, la litharge d'argent, l'argent même & l'or; ils broyoient ces couleurs, chacune féparément, fur une platine de cuivre, avec de l'eau, où ils avoient fait difloudre de la gomme arabique. Ils couchoient leurs couleurs, ainfi détrempées, fur le verre; & les moins habiles pour donner les réhauts, pour marquer les poils de la barbe, les cheveux & les clair, foit fur les draperies, foit ailleurs, fe fervoient d'vne petite pointe de bois pour enlever méthodiquement de deffus le verre la couleur qu'ils y avoient mife, à peu près comme font les Graveurs en maniere noire. Sans doute que la cherté de ces deux dernieres avoit beaucoup contribué à la décadence, pour ne pas dire à l'oubli, où cet Art étoit tombé. Les couleurs étant couchées fur le verre, on les met dans un fourneau: la chaleur en les fondant les y attache; quelques-unes pénétrent même jufques dans l'intérieur.

LA MARQUISE.

Vitres rares.

La perte d'un fi beau fecret feroit véritablement déplorable. Je me fouviens d'avoir vû à Rouen, des morceaux en ce genre, d'une richeffe de coloris peu commune: ce font les vi-

tres de la Chapelle du Cimetiere de
Saint Maur; elles ne laiſſent rien à de-
ſirer à l'œil le plus connoiſſeur.   On
en voit auſſi de parfaites à la Chapelle
du Château de Vincennes.

M. VISPRE'

J'ai vû, Madame, ces chef-d'œuvre
de l'antiquité; nous n'avons rien de ſi
beau dans l'Europe.   Loin de m'éton-
ner que Louis le Grand ait penſé à dé-
corer la Chapelle de Verſailles de ces
vitres magnifiques, je ſuis au contraire
ſurpris de ne les y pas voir.

LA MARQUISE.

Contentons-nous d'admirer ce qui
nous reſte là-deſſus d'achevé, en attendant qu'on remette ce ſecret en vi-
gueur dans toute ſa perfection.   Mais

parlons du vôtre, s'il vous plaît, qui m'en paroît une branche.

M. VISPRE'.

Peinture sur glace de miroir.

Peut-être bien, Madame, que croyant le premier perdu, on a imaginé le second. Dans l'un & l'autre on couche les couleurs sur le verre ; c'est le seul rapport qu'ils ayent entr'eux. Celui que vous voyez rendu sur votre miroir est l'art de peindre sur le verre, mais sans cuisson. Pour y parvenir, je dérange l'ordre général, auquel dans tout autre genre de peinture la regle invariable asservit. Je couche d'abord les réhauts, que l'on met ordinairement les derniers, quand on peint sur le bois, la toile, les pierres, les métaux, ſur les murailles; & les couleurs qui ſervent de fond & d'ébauche ſe couchent ſur toutes les autres, c'eſt-à-dire les dernieres.

LA MARQUISE.

Votre Art ſe pourroit donc nommer la peinture renverſée, puiſque vous commencez par où tous les autres finiſſent. Un Peintre habile, en ſuivant ſa méthode, ne réuſſiroit-il pas?

M. VISPRE'

Non, Madame, quelque habile que vous le ſuppoſiez dans l'Art ſéducteur d'en impoſer à nos yeux par l'adreſſe du mélange & de l'application des couleurs, par l'imitation même parfaite de celles dont les objets naturels ſont revêtus, & par la diſtribution ſçavante &

avantageufe qu'il fçauroit en faire; à moins qn'il ne renverfe l'ordre ordinaire de la couche des teintes.

Ce n'eft pas tout. Sçaura-t-il les y fixer avec cette même ténacité qu'il les fixe fur la toile, s'il ne connoît pas le lien invifible qui les marie intimément avec le poli du verre ou de la glace qui n'a point de pores ouverts, pour accrocher la peinture qui mord d'elle-même fur tous les autres corps : enfin fon Art à quelque dégré de perfection qu'il l'ait acquis, ne lui fuggerera point comment, fur des glaces étamées telle qu'eft celle de votre miroir, il enlevera artiftement le teint aux feuls endroit dont on a befoin pour peindre, d'après nature, quadrupedes, oifeaux, fleurs, fruits & ornemens, foit de la Chine foit d'ailleurs : de fa-

çon que la peinture & le teint qui res-
tent faſſent un enſemble qui n'ait point
d'intervalle, & qu'on ſe puiſſe voir
dans ces glaces travaillées comme dans
toute autre glace.

LA MARQUISE.

A ce raiſonnement je conçois toute
la beauté de votre talent; mais à meſu-
re que je ſens augmenter en moi l'envie d'apprendre, je vois augmenter les
difficultés à y réuſſir. Trouvez le ſecret de m'inſtruire de tout ce qui regarde votre Art en auſſi peu de tems qu'il
en faut pour coucher mon rouge, je
vous payerai ce précieux talent tout ce
qu'il vous plaira.

Je ſuis née ſi vive que je ne ſçaurois ſans m'impatienter m'appliquer

long-tems à la même chofe: d'ailleurs les élémens des Arts & des Sciences font fi rebutans, que je ne conçois pas comment on peut fe donner la peine de les étudier. Je vous facrifierois cependant bien un jour entier, fi vous pouviez m'apprendre à peindre feulement une rofe auffi vive que celle que vous avez exécutée fur mon miroir.

M. VISPRE'.

Si votre demande étoit férieufe, je vous répondrois, Madame, que pour peindre une rofe, il faut apprendre à la deffiner; mais je n'ai garde de vous renvoyer aux redoutables élémens qui feroient pâlir des rofes mille fois plus précieufes que celles que je vous ferois peindre.

LA MARQUISE.

Monſieur parle auſſi joliment qu'il peint. Mais en tirant votre boîte, n'ai-je pas apperçu un tableau?

M. VISPRE'.

Il y en a, Madame, effectivement un que je porte à une aimable Veuve; c'eſt une Magdeleine gravée d'après ce fameux tableau de le Brun, que tout le monde connoît: faites-moi le plaiſir de m'en dire votre ſentiment.

LA MARQUISE.

Voilà une riche copie! On ne peut mieux rendre un orginal. Je ne me laſſe point de l'aller admirer aux Carmelites, toutes les fois que je monte au Val-de-Grace, où j'ai quelques connoiſſances. Votre Veuve eſt vraiment bien heureuſe, avec un pareil tableau, il n'eſt pas poſſible de ne point apprendre à pleurer avec grace un mari. Mais que voulez-vous dire avec votre Magdeleine gravée ; n'eſt-elle pas peinte ſur verre, d'après le tableau de le Brun, comme vous avez peint ſur ma glace ? Expliquez-moi ce myſtere.

M. VISPRE'.

Non, Madame, c'eſt tout un autre genre ; ce que vous croyez un tableau n'eſt que l'eſtampe même, gravée d'après le tableau de le Brun ; vous la voyez au travers du verre ſur lequel elle eſt collée.

LA MARQUISE.

Vous me ſurprenez ; vous badinez.

fans doute; plus je regarde & moins je vois d'eftampe. N'eft-ce pas vous qui avez peint cette Magdeleine?

M. VISPRE'.

Oui, Madame, mais fur l'eftampe.

LA MARQUISE.

Oh, pour le coup donnez-moi des yeux, ou expliquez-vous.

M. VISPRE'.

Volontiers, Madame. Vous venez de me dire en riant que vous facrifieriez volontiers un jour pour apprendre à peindre une rofe fur glace. Eh bien, Madame, je vous dis férieufement que je ne vous demande que trois heures pour vous apprendre à peindre une Magdeleine fur verre pa-
reil-

reille à celle que vous voyez, & tous autres sujets qu'il vous plaira de choisir.

LA MARQUISE.

Voilà ce qui s'appelle un galant homme. M. Vispré, souvenez-vous de la promesse dans laquelle vous venez de vous engager: je vous accorde les trois heures que vous me demandez; mais je vous somme de votre parole.

M. VISPRE'.

Oui, Madame, pourvu que vous me fassiez l'honneur de m'écouter, vous conviendrez bientôt que je vous ai dit vrai. Je persiste donc à vous soutenir que ce que vous voyez est une estampe, & un pourtrait fait au pinceau, peint derriere le verre & derriere l'estampe même. La preuve en fera aiſée : choiſiſſez, Madame, dans ce carton telle eſtampe qu'il vous plaira, ou plutôt pour vous rendre la choſe plus ſenſible, prenez la pareille de celle que vous voyez peinte derriere ce verre.

LA MARQUISE.

La voilà, je ne conçois encore autre choſe, ſinon que je tiens une eſtampe telle que les Imagers en vendent, qui repréſente la Magdeleine. Je ne lui trouve d'autre rapport avec votre peinture que dans les proportions.

M. VISPRE'.

Peinture derriere le verre.

C'eſt, Madame, toute la compa-

raison que j'exige de vous quant à présent. Eh bien, Madame, l'estampe
que vous tenez ne diffère de l'autre,
sa pareille qui est sous le verre, qu'en
ce qu'elle n'a point reçu d'apprêt, qui
l'ait rendue transparente, & qu'en ce
qu'elle n'a point été peinte sur son revers, de façon à faire disparoître ou
fuir tout le gris de cette même estampe pour ne laisser voir que les couleurs
qui les déguisent au point de faire
imaginer comme il vous est arrivé que
c'étoit une copie de la Magdeleine de
le Brun, faite au pinceau d'après l'ori-
ginal.

LA MARQUISE.

Vous êtes si persuasif que je serois
presque tentée de vous croire.

B 2

M. VISPRE'.

Il ne tient qu'à vous, Madame, de ne vous en rapporter là-deſſus qu'à vous-même, moyennant les trois heures que je vous ai demandées pour vous faire exécuter une pareille méta-morphoſe.

LA MARQUISE.

Eh, Monſieur, ne perdons pas de tems en diſcours, apprenez-moi prompt-tement cette magie qui doit me rendre peintre en ſi peu d'heures.

M. VISPRE'.

Soit, Madame, cette magie vous fournira un moyen de varier vos amu-ſemens.

LA MARQUISE.

Je ne les varierai vraiment point : je prétends déformais ne m'appliquer qu'à cela, vous me promettez que nous y travaillerons après notre dîner ?

M. VISPRE'

Madame, ce fera quand vous l'ordonnerez ; j'ai dans cette boîte tout ce dont nous avons befoin, ordonnez feulement de faire emplir un grand vafe d'eau bouillante & je réponds du refte.

LA MARQUISE.

Un vafe d'eau bouillante ? votre affaire fera bientôt faite. Ordonnez de ma part qu'on la prépare, afin que tout foit prêt quand il faudra mettre la main à l'œuvre; mais écoutez, Monsieur Vispré , n'allez pas conter ma méprise dans le monde, on ne me la pardonneroit pas.

M. VISPRE'.

J'obſerverai fidelement ce que vous me faites l'honneur de me preſcrire. Cette méprise n'a cependant rien qui doive vous allarmer. Depuis que je m'applique à ce genre de peinture, j'ai eu l'honneur de préſenter mes ouvrages à des Dames de la premiere condition, à qui cette nouveauté a fait illuſion comme à vous. L'exemple le plus récent eſt celui de Madame la Ducheſſe ** chez qui vous m'envoyâtes le jour même que je reçus vos ordres pour peindre ce miroir. En lui livrant hier celui qu'elle m'avoit commandé, je lui fis voir une Andromede peinte ainſi que cette Magdeleine; elle la prit auſſi pour un tableau, & je ne lui per-ſuadai qu'avec peine que ce n'étoit qu'une eſtampe colorée. Revenue de ſon erreur, elle ne ceſſa d'en rire que pour faire admirer l'innocente ſuper-cherie à la nombreuſe cour qui ſurvint au moment que j'allois me retirer: j'y reçus, Madame, des éloges dont le ré-cit ſe trouveroit déplacé dans ma bou-che.

LA MARQUISE.

Quoi, Monſieur, la Ducheſſe * * s'eſt laiſſée ſurprendre, & de plus elle s'en eſt vantée? Plus de myſtere pour moi, Monſieur, plus de myſtere, vous pouvez tout révéler, l'afficher même si vous voulez.

Mais, Monsieur, il me vient un scrupule; je vais devenir Peintre, au moins me le promettez-vous; je me garderai bien de dire que mon talent ne m'a couté que trois heures : je meurs d'envie au contraire de me faire valoir. Pour y bien réussir, il faudroit, je crois, sçavoir un peu raisonner peinture, & je n'ai malheureusement qu'un goût muet. Quand je montrerai mes Ouvrages, car à qui ne les ferai-je pas voir, la conversation tombera infailliblement sur les Peintres & sur la Peinture; ma langue trahira souvent mon pinceau, & je vous avoue que mon petit amour propre s'en trouvera fort humilié.

M. VISPRE'.

Si vous n'héfitez que fur ce motif à recevoir le préfent que je me tiens honoré de vous faire, il eft aifé, Madame, de faire difparoître cette difficulté. Vous ne rendez pas affez de juftice à cette heureufe pénétration qui vous fait faifir & retenir tout, & en raifonner avec la derniere jufteffe. Au refte, pour ne vous laiffer aucun embarras la-deffus, je m'engage à vous rendre en moins d'une heure la peinture fi familiere, qu'au befoin vous pourrez en foutenir une thèfe.

LA MARQUISE.

Vous feriez cet autre miracle! Oh, pour le coup, vous valez votre pefant d'or. Nous avons encore plus d'une

B 5

heure avant que de nous mettre à table; je vous donne ce tems pour m'en-
doctriner.

M. VISPRE'.

Le fuccès ne peut m'échapper, j'en
réponds, puifqu'il eft fondé fur la vivacité de votre difcernement. Par où,
Madame, voulez-vous commencer?

LA MARQUISE.

Figurez-vous d'abord que je n'am-
bitionne point d'être fçavante; mettez-
moi feulement à portée de paffer pour
l'être & de briller dans la converfation;
c'eft tout ce que je vous démande. Ef-
fleurons donc notre matiere, & fui-
vons, s'il vous plaît, la Peinture depuis fon origine; ces matéreaux me
fuffiront.

M. VISPRE'.

Définition de la Peinture.

La Peinture, cette langue muette, qui ne parle qu'aux yeux, eſt, Madame, l'Art de tracer, par le moyen des couleurs, une image reſſemblante de toutes les choſes qui tombent ſous les ſens; elle a quatre parties, qui ſont l'invention, la diſpoſition ou l'ordonnance, le deſſein, & le coloris. L'invention eſt le choix des objets qui doivent entrer dans la compoſition du ſujet que le Peintre veut traiter. La diſpoſition eſt l'arrangement des ſix parties de l'œconomie d'un tableau, qui ſont la diſtribution des objets, les groupes, le choix des attitudes, le contraſte, le jet des draperies & l'effet de tout l'enſemble. Le deſſein conſiſte à tracer fur la toile, le bois ou autre matiere, les contours, & les traits caractériftiques de toutes ces chofes; le coloris eft le mélange des couleurs, la fcience de leur union, la connoiffance de l'amitié qu'elles ont entr'elles, la maniere enfin de les employer pour repréfenter celle des objets naturels qu'on veut peindre. Toute la fcience de la peinture fe trouve renfermée dans ce peu de mots, qui vous fuffifent pour entamer & finir des converfations brillantes avec nos plus grands Maîtres.

LA MARQUISE.

J'ai tout cela préfent; je m'applaudis déja de le trouver fufceptible d'une ample broderie.

M. VISPRE'.

Je paſſe à l'origine de la Peinture. De tous les Auteurs qui en ont traité, les plus anciens même n'ont point con-nu ſa premiere époque; tout convien-nent ſeulement qu'elle eſt très-ancien-ne. Ils nous diſent que le premier qui s'aviſa de deſſiner, le fit contre une muraille, en traçant l'ombre d'un hom-me que la lumiere faiſoit paroître. Dio-dore de Sicile (attachez-vous, Madame, aux noms d'Auteurs, cela fait un honneur infini; vous pouvez les citer ſans conſé-quence; nous les avons tout en Fran-çois), Diodore donc écrit, pour établir l'antiquité de la peinture, que du tems de Semiramis, il y avoit à Babilone, Ville que cette Reine fit rebâtir, deux murailles d'une longueur demeſurée , dont les briques avoient été peintes avant que d'être cuites, où l'on voyoit toutes ſortes d'animaux peints & colorés au naturel. Il ajoute qu'elle avoit dans ſon Palais des tableaux qui repréſentoient des chaſſes & des combats. Si nous en croyons les Egyptiens, la peinture étoit connue parmi eux pluſieurs ſiécles avant qu'elle le fut des Grecs; mais les Grecs prétendent que c'eſt à Sicyone ou à Corinthe qu'elle fut inventée. Vous avec le choix, Madame, d'adopter un de ces ſentimens; vous pouvez même en inventer un autre, puiſque les Auteurs ne s'accordent point entr'eux. Les ſiſtêmes reviennent à la mode; nouvelles reſſources pour la converſation.

LA MARQUISE.

Voilà de belles connoiſſances, je ne manquerai pas de les jetter à la tête de tous ceux qui verront mes Ouvrages.

M. VISPRE'.

Vous avez juſqu'ici beau jeu pour vous faire admirer ſans crainte de vous méprendre. Nous allons maintenant entrer dans un champ un peu plus tortueux; attachez-vous à ne pas confondre l'ordre du tems, ni les anciens Peintres avec les Modernes, ſans quoi vous vous expoſeriez à des anachroniſmes & des parachroniſmes qui vous perdroient.

LA MARQUISE.

Anachronifmes, parachronifmes, je ne retiendrai jamais ces mots-là.

M. VISPRE'.

Ce feroit bien dommage! ces deux étrangers, tout barbares qu'ils vous paroiffent, font cependant deux refpectables Grecs vêtus à la Françoife: fi vous faifiez connoiffance avec eux, ils font bien capables d'établir votre réputation de Sçavante. Anachronif-me eft l'erreur que l'on commet en plaçant un événement plutôt qu'il n'eft arrivé; parachronifme eft au contraire la faute que l'on fait, en le plaçant plus tard qu'il ne doit l'être. Qu'il y a de mérite, Madame à dire tant de chofes en deux mots!

LA

LA MARQUISE.

Vous avez raison, il faut absolument que je meuble ma mémoire de l'anachronisme & du parachronisme. Reprenons, je vous prie, notre peinture.

M. VISPRE'.

Il me reste, Madame, à vous faire connoître la peinture dans les différens genres: nous dirons aussi quelque chose des Peintres qui y ont le plus excellé. On peint à fresque, en détrempe, en mignature, à la plume, au crayon, en huile, en émail, enfin sur le verre & derriere le Verre. Vous connoissez déja la peinture sur le verre, je me réserve à vous en parler lorsque nous la travaillerons.

C

ᴥ Peinture à frefque. ᴥ

La peinture à frefque dont on attribue l'invention à Paufias de Sicyone, eft fort ancienne; elle fe fait contre les murailles & les voutes enduites de mortier, encore frais, avec les feules couleurs de terre ou d'émail, détrempées dans l'eau & mêlées avec la coque d'œuf.

ᴥ Peinture en détrempe. ᴥ

La peinture en détrempe fe fait en délayant les couleurs avec de l'eau de colle ou gommée, ainfi que le pratiquoient les Anciens qui ne connoiffoient point la peinture en huile. Ariftide repréfenta le premier fur les vifages toutes les paffions de l'ame. Zeuxis & Pharrafius, à qui l'on reprochoit

d'être trop longs dans tout ce qu'ils fai-
foient, s'en excufoient, en difant
qu'ils travailloient pour l'éternité. Ap-
pelles fut le Peintre d'Alexandre le
Grand, qui ne voulut jamais fouffrir
qu'aucun autre fît fon portrait.

Peinture en mignature.

La peinture en mignature ne differe
de celle en détrempe, que parce que
dans celle-ci on fe fert de toute la li-
berté du pinceau, & que la mignature
fe travaille à petits points ; qu'elle veut
être regardée de près, qu'on ne la fait
aifément qu'en petit, & qu'on n'y employe que des couleurs très-fines.

Peinture à la plume.

La peinture à la plume n'eft ainfi
appellée, que parce que la plume y

tient lieu de pinceau pour ébaucher & finir un Ouvrage , soit à l'encre ordinaire , ou luisante ou de la Chine , soit avec des couleurs délayées avec de l'eau.

☙ Peinture au crayon. ❧

La peinture au crayon est celle qui se finit sur papier, sur parchemin, sur bois, avec le seul crayon, qui quelquefois est une petite pierre, soit naturelle, soit de composition, & quelquefois du charbon ou du minéral.

☙ Peinture en pastel. ❧

La peinture en pastel a beaucoup de rapport à celle en crayon. Le pastel est une pâte de plusieurs couleurs, gommées & broyées ensemble, ou séparément, dont on fait toutes sortes de crayons pour faire des portraits ou autres sujets sur le papier ou sur le parchemin.

La peinture en émail nous vient, comme celle à fresque, de l'antiquité la plus reculée. Je m'étendrai sur ce genre de peinture un peu plus que sur les autres, parce qu'étant le moins répandu, vous serez écoutée avec d'autant plus de curiosité.

LA MARQUISE.

Et c'est précisément mon but.

M. VISPRE

On employoit la peinture en émail dès les premiers tems, puisque ces murs de Babilone, dont je vous parlois tout-à-l'heure, étoient de brique

émaillée, & nous lisons que Porsenna,
Roi d'Etrurie, qui fit la guerre aux
Romains pour le rétabliffement de Tar-
quin, faifoit faire dans fes Etats des
vafes émaillés.   Les Chinois, ce peu-
ple entêté de fon antiquité fabuleufe,
qui confervent dans leurs archives une
fucceffion de leurs Rois de plus de quatre mille ans, peignent en émail, de
tems immémorial.   Rapprochons-nous
de nos tems, nous trouverons que de
celui de Michel Ange & de Raphael,
la Rome moderne excelloit en ce genre.   En France, fous François I, le
reftaurateur des Belles-Lettres, & le
pere des beaux Arts, on a fait en émail
des morceaux achevés.   Paris, l'abré-
gé de l'Univers, fe vante des deux plus
grands Peintres en émail qui ayent ja-

mais été; ce font Bordier & Petitot, qui les premiers nous ont donné les portraits en émail; ils rendoient les émaux fi duétiles, qu'ils les tournoient fur un devidoir pour en faire des aigrettes. Telle eft, Madame, en racourci l'Hiftoire de la peinture en émail. Définiffons maintenant les émaux & voyons comment ils fe mettent en ufage. Leur matiere eft de l'étain & du plomb, en parties égales, calcinées au feu de reverbere, à quoi on ajoute feulement les couleurs métalliques, qui font le fafran de Venus, qui donne le verd, la rouille de fer rend le jaune, la chaux d'étain produit le blanc, celle d'argent le bleu, celle de cuivre, de la limure de fer, & de l'orpiment, le rouge, avec du falpêtre, la couleur des per-

les ; avec du jay, le noir : ces matieres ainſi préparées, broyées & réduites
en poudre, s'appliquent comme les
autres couleurs ſur l'or, ſur l'argent, ſur
le cuivre, pour les y fondre, recuire
& vitrifier par la force du feu; ſorte
de peinture d'autant plus précieuſe que
le tems ne peut rien ſur elle.

LA MARQUISE.

Vous m'avez fait naître, pendant
que je vous écoutois avec tant de plaiſir, l'envie de peindre en émail, ce
doit être quelque choſe d'extrêmement
curieux.

M. VISPRE'

Oui, Madame, & je ſuis certain que
vous y prendriez beaucoup de plaiſir.
Je connois à Paris un habile Emailleur

qui me devra, ſi vous le jugez à pro-
pos, l'obligation d'avoir l'honneur de
vous amuſer dans ſon laboratoire.

LA MARQUISE.

Ne manquez pas, lorſque je ſerai
de retour à Paris, de m'en faire reſ-
ſouvenir.

M. VISPRE'.

Peinture en huile.

Vous ſerez obéïe, Madame, nous
voici parvenus inſenſiblement à la peinture en huile ; je l'ai rangée, quoique
la plus interreſſante, dans la derniere
claſſe, parce qu'elle eſt la plus moderne ; elle ſe fait en broyant les couleurs
avec de l'huile de noix, ou de l'huile
de lin. Ce ſecret, comme vous le

voyez, Madame, eſt bien ſimple; cependant de tous les Peintres qui ont
vécu juſqu'au milieu du quinziéme ſie-
cle, choſe étonnante, il n'y en a pas
un qui l'ait trouvé. Nous le devons à
Jean de Bruges, Flamand, auſſi bon
Chymiſte qu'il étoit grand Peintre; tant
il eſt vrai que les différens Arts s'entr'aident mutuellement : il reconnut
qu'en broyant des couleurs avec de
l'huile de noix ou de lin, il s'en faiſoit
une peinture ſolide, qui non ſeulement réſiſtoit à l'eau, mais qui conſer-
voit une vivacité qui lui tenoit lieu de
vernis; il s'apperçut que l'huile ne ſé-
chant pas ſi-tôt que l'eau, il en réſul-
toit un avantage bien grand, que n'a-
voient pas les anciens Peintres, qui
eſt de pouvoir retoucher pluſieurs fois

à ſes Ouvrages, d'en corriger, autant qu'on veut, les figures, & d'avoir plus de tems à les finir; il vit que ſes couleurs rendoient un coloris plus doux, plus délicat & plus agréable, en donnant plus d'union & plus de tendreſſe à tout l'Ouvrage; il fut enfin ſi content de ſon premier tableau peint en huile, que le jugeant digne d'une Tête couronnée, il le préſenta à Alphonſe I, Roi de Naples.

Peinture en cau-ſtique.

On en a reſſuſcité une de nos jours appellée *Peinture en cauſtique*, parce que le feu eſt néceſſaire pour la préparation des couleurs qu'on y employe. Selon Pline elle fut connue des Anciens; elle n'a pas le luiſant ſi deſagréable de la peinture à l'huile, & a plus de vivacité.

Meſſieurs Vien & le Lorrain, de l'A-
cadémie Royale, ont fait des choſes
admirables dans ce genre.

LA MARQUISE.

Quoi! de tous ces tableaux conſa-
crés à l'immortalité, aucuns avant mil
cinq cens, n'ont été peints en huile?
vous me faites plaiſir de m'en avertir;
car en vérité j'aurois ſoutenu le contraire, par préjugé de probabilité. Que
me voilà ſçavante! je n'aurois jamais
cru qu'on pût apprendre tant de choſes
en ſi peu de tems.   Je ſçaurai peindre
& raiſonner peinture, & cela en quatre heures de tems; je paſſerai certai-
nement pour avoir la ſcience & la peinture infuſes. Citez-moi, je vous prie,
à préſent, quelques noms d'Auteurs

qui ayent traité de la Peinture, & quelques Peintres des plus fameux, autres que ceux que vous m'avez dèja nommés, cela me suffira pour soutenir effrontément que j'ai lû les uns, & vû les Ouvrages des autres, après quoi je me tiens pour la plus sçavante de toutes les Marquises.

M. VISPRE.

Traités de Peinture.

Madame, ceux qui ont écrit de la vie & des Ouvrages des Peintres font, Carlodati, qui a recueilli tout ce que les anciens Auteurs ont dit des plus fameux Peintres de l'antiquité; Vitruve & Félibien ont traité de la peinture fort au long; Alphonse Dufrenoy en a rendu toutes les parties; Vasar qui vi-

voit fous le Pontificat de Leon X, &
Difciple de Michel Ange, en a fait
un Traité en trois volumes, ils ont été
continués par Bagliori & Petro Bellori;
Ridolphi a donné les Peintres de Veni-
fe : Raphael Sophrani, ceux de Genes;
le Comte de Malvafia, ceux de Bologne;
van Mander, ceux de Flandres, & de
nos jours M. d'Argenville & plufieurs
autres.

LA MARQUISE.

Voilà des Auteurs plus qu'il ne m'en
faut; paffons aux Peintres.

M. VISPRE'.

Grands Peintres.

Madame, nous avons Raphael, le
Titien, Paul Veronefe, Cimabué, les

trois Carraches, le Guide, le Dominicain, le Goarchim, l'Albane, Rubens, le Pouſſin, Jouvenet, & en mignature, Guernier, Ance, Bernard, &c.

LA MARQUISE.

Oh, ne m'en citez pas davantage, je ne ſçaurois bientôt plus où loger tant de monde.

M. VISPRE'.

Laiſſons donc là les Peintres, dont il ne reſte plus rien d'eux que ce qu'ils avoient d'immortel ; les vivans ſont....

LA MARQUISE.

Il eſt inutile de m'en parler, je connois les plus célébres.

M. VISPRE'.

Mais, peut-être, Madame, ne fça-
vez-vous pas à qui ils font redevables
de leur état, & de leurs talens; c'eſt
un défaut de connoiſſance que perſon-
ne ne vous paſſeroit.

LA MARQUISE.

Non, je n'en fçai rien.

M. VISPRE'.

᪲ Académie Royale de Peinture. ᪲

Madame, ils en font redevables aux
bienfaits du Roi qui paye aux Eleves
des Maîtres, qui font dans fon Académie de Peinture, où ils y font reçus
felon leurs talens, & avec diſtinction,
de ceux qui peignent l'hiſtoire, qui
font des portraits ou des batailles, ou

des

des payſages, ou des animaux, ou des fruits, ou des fleurs, ou qui peignent en mignature, ou à quelqu'autre partie qui regarde le deſſein ; ce qui leur tient lieu d'apprentiſſage & de maîtriſe. Ce grand Roi, Conſervateur des beaux Arts, bien inſtruit que l'émulation eſt la mere des talens, y propoſe & fait diſtribuer des prix, qui ſont des médailles d'or & d'argent : ouvrant de plus en plus une main liberale à ceux qui les ont remportés, il les entretient, les nourrit & les loge dans le Louvre même ; d'où il les envoye, à ſes frais, à Rome dans une pareille Académie, où ils trouvent les mêmes reſſources, & dont ils ne reviennent que pour en recevoir encore de nouveaux bienfaits, en rentrant penſionnés dans cet-

D

te même Académie en qualité de Maîtres.

LA MARQUISE.

Je connoissois déja notre Monarque par de bien bons endroits, je l'aimois bien assurément; mais depuis que vous m'avez dit de si jolies choses de lui, je l'en aime encore davantage. Allons nous mettre à table. Voilà donc le dernier repas que je ferai sans être Peintre.

Fin du premier Entretien.

SECOND
ENTRETIEN.

M. VISPRE'.

MADAME, pendant le tems que vous étiez occupée à recevoir votre vifite, j'ai dit de votre part qu'on fît du feu dans votre appartement, & qu'on y montât le vafe d'eau bouillante, où j'ai mis s'imbiber deux eftampes, qui toutes deux repréfentent le Jugement de Paris, nous en travaillerons chacun une, afin que vous puif-fiez porter fur la vôtre les mêmes coups

de pinceau que vous me verrez porter
fur la mienne, & je préparois les couleurs en vous attendant.

LA MARQUISE.

Nous ne peindrons donc pas une
Magdeleine?

M. VISPRE'.

Non, Madame, je n'en avois plus
qu'une eſtampe, & d'ailleurs ce ſujet
eſt trop ſeul & n'eſt pas ſuſceptible
d'autant de variations pour le mêlange
des couleurs que celui qui nous allons
traiter; mon deſſein étant de vous te-
nir plus encore que je ne vous ai promis, j'ai préferé ce trait hiſtorique à
tout autre.

LA MARQUISE.

Je me le remets bien en gros, n'est-
il pas question d'une pomme ?

M. VISPRE'.

Oui , Madame. La Discorde n'a-
yant point été invitée aux noces de
Pelée , Roi de Thessalie , & de la
Déesse Thétis , fille de Nerée , où
tous les Dieux & Déesses assistoient,
jetta, pour s'en venger, au milieu de
la salle du festin une pomme d'or, sur
laquelle étoient gravés ces mots, *pour
la plus belle.* Paris, fils de Priam, &
Berger de Phrygie, fut choisi par Jupiter, pour arbitre entre Junon ; Venus
& Minerve, qui se la disputoient. C'est
ici où commence le sujet de l'estampe.
Il m'en reste une troisiéme , pareille

aux deux qui font dans l'eau : la voici ; vous voyez Paris appuyé contre un arbre, au pied duquel coule un ruiſſeau, & Venus à demi nue, qui reçoit la fatale pomme qui devoit cauſer un jour l'embraſement de Troyes ; ce beau Berger la lui donne, comme à la plus belle des trois concurrentes de ce prix de la beauté, tandis que l'Amour voltigeant ſur la tête de ſa mere, d'une main tient une palme & de l'autre une couronne.

LA MARQUISE.

Comment, vous vous imaginez que je vais faire un Paris preſque nud, un Paris qui n'a qu'une eſpéce d'écharpe, que je tremble de voir à tout moment gliſſer ! je peindrois une Venus qui, pour peu qu'elle se remuât, feroit tomber ce reste de draperie, qui ne tient en vérité presqu'à rien! L'amour est un petit effronté, je ne puis achever tant je suis courroucée. Je gage que vous avez pris le tems qui j'étois occupée à me défaire de la Baronne, que je n'ai jamais trouvée tant ennuyeuse qu'aujourd'hui, pour aller mettre nos deux estampes dans l'eau bouillante, afin que je ne puisse m'en dédire.

M. VISPRE'.

La préférence, je vous l'ai dit, Madame, n'a point eu d'autre motif que, parce que cette estampe réunit presque tous les différens sujets à traiter dans les autres. Ce magnifique Palais que vous voyez dans l'enfoncement, me donnera lieu de vous apprendre quelles font les couleurs, & quel eft le mêlange qu'il en faut faire, pour peindre les pierres, & rendre un morceau d'architecture felon la richeffe de fes ornemens & l'harmonie de fes proportions. Cette montagne qui fe perd dans les nues, me fournira le moment de vous dire quelle eft la teinte dont vous avez befoin pour la rendre, ainfi que ces mêmes nues, d'où nous defcendrons un inftant pour trouver fur la terre dequoi les copier, enfemble l'horizon & le ciel. Dans ces arbres qui femblent dérober à la vigne le pourpre & l'argent de fes grappes, & foutenir la foibleffe du cep, plus par vanité que par office, nous aurons occafion de colorer les raifins blancs, les raſſins noirs, le tronc des arbres, leurs rameaux & leurs feuilles. Ces payſa- ges nous feront connoître le loin & le proche d'un tableau, pour les expri- mer enſuite, en trompant artiſtement la vûe, ſelon les régles de la perſpec- tive. Ce toît ruſtique, ce curieux vieillard, qui paroît moins ſenſible à l'éclat de l'or de la pomme, qu'il voit encore dans la main de Paris, qu'aux beautés de Venus, & qui jouit avec crainte du larcin de ſes yeux, derriere ce buiſſon, où il ſemble ſe cacher. Cette même Venus; ſon fils; ſon Juge; tous ces objets me préſentent un vaſte champ, pour faire partir de votre pin- ceau l'or, le chaume, la paille, le lin- ge, les draperies ſuſceptibles de toutes les couleurs, tant ſimples que compofées, les cheveux, enfin le coloris des chairs dans les quatre âges de la vie. En faveur de toutes ces confidérations, Madame, fouffrez Venus, vous êtes faite à fon image ; excufez l'Amour, c'eft un enfant ; ne rebutez point Paris, il eft doux, il eft tendre, il eft refpectueux ; c'eft à vous qu'il donne la pomme, puifqu'ii l'adjuge à la beauté. Souffrez d'ailleurs que je vous repréfente que vous ne voyez par-tout qu'un nud modefte, où la pudeur n'eft point forcée dans fes derniers retranchemens : ne regardez donc point cette eftampe, Madame, avec des yeux plus févéres que ce magnifique tableau de votre falle de compagnie, ce morceau, digne objet de votre complaifance, qui repréfente la chafte Sufanne dans le bain, & l'aveugle témérité de la rebutante vieilleſſe.

LA MARQUISE.

Je veux bien me contenter de vos raiſons ; perſuadez-vous cependant que je ne m'y rends que malgré moi. Commençons-nous à travailler ?

M. VISPRE'.

Madame, nos deux eſtampes ne ſont point encore aſſez imbibées ; quand on les met tremper dans l'eau bouillante, il faut les y laiſſer une heure, ou dans l'eau froide, au moins douze heures, nous ne reſterons cependant pas oiſifs pendant qu'elle s'écoulera.

Voilà, Madame, les couleurs premieres broyées à l'huile de noix ou de lin néceſſaires pour peindre ſur le revers de l'estampe après qu'elle est apprêtée & collée sur le verre. Vous les voyez toutes séparément dans ces petits pots de fayence, & rangées selon l'ordre que je vais suivre en vous les nommant; ce font d'elles que dépendent toutes les autres couleurs compofées.

Blanc de plomb.	Orpin rouge.
Jaune de Naples.	Outremer.
Ocre jaune.	Bleu de Pruffe.
Ocre de rue.	Terre d'Ombre.
Stil de grain clair.	Terre d'Italie.
Stil de grain brun.	Terre verte.
Carmin.	Orpin jonquille.
Cinnabre ou ver-	Noir de pêches.
millon.	Noir d'yvoire.
Brun rouge.	Noir d'os.
Laque fine.	

Familiarifez vos yeux, Madame, avec ces différentes couleurs, afin de vous mettre en état de ne vous point tromper lorſque je les nommerai pour en compoſer les différentes teintes dont vous aurez beſoin.

LA MARQUISE.

Je n'étois pas plus haute que cela, que je connoiſſois déja le carmin & le vermillon ; quant aux autres, leurs noms me les feroient bientôt trouver.

M. VISPRE'.

Je vais maintenant vous expliquer, Madame, ce que nous entendons par teinte ; c'eſt la maniere d'aſſortir les couleurs & de les appliquer aux figures, en bien former les jours, les ombres & les éloignemens. Les différentes gradations des teintes ſont autant de ménagemens de lumieres, par rapport au clair obſcur : ce ſont enfin des

tons moyens entre l'ombre & la lumiere. Vous vous rappellez l'explication
que je vous ai donnée de l'Art de peindre derriere les glaces, je vous ai dit
que je changeois, par rapport aux teintes, l'ordre suivi dans les autres genres de peinture, en couchant premie-
ment par ordre de rétrogradation, celles qui donnent les réhauts, & enfin
celles qui servent de fonds & d'ébauches, parce que vous concevez bien
qu'en retournant la glace, sous laquelle la peinture se trouve alors, on y
voit les objets au travers, & par con-
séquent le desordre de la rétrogradation
des teintes ne subsiste plus aux yeux,
puisqu'on y voit les réhauts couchés
sur les fonds & sur les ébauches.

LA MARQUISE.

Je m'en fouviens fi bien que je l'ai nommée la Peinture renverfée.

M. VISPRE'.

Eh bien, Madame, nous allons fuivre en peignant fur le revers de nos eftampes appliquées fur le verre, ce même renverfement que vous concevez devoir opérer le même effet que furvotre glace, quand vous verrez l'eftampe, fur le revers de laquelle nous allons peindre, auffi tranfparente que le verre fous lequel nous la collerons. Je vous fais ce détail afin que vous compreniez que de toutes les teintes que nous allons compofer, la premiere, en ordre, vous la placeriez la derniere, & ainfi confécutivement les autres; fi l'ufage que vous aurez de peindre fur le revers de l'eftampe appliquée derriere le verre, vous rendoit un jour la Peinture affez familiere, pour vous amufer à peindre fur la toile ou fur tout autre corps.

LA MARQUISE.

Il feroit donc poffible qu'un jour je puiffe peindre fur toile.

M. VISPRE'.

L'attention, Madame, & l'habitude que vous contracterez de peindre un œil fur un œil, une bouche fur une bouche, rendus dans une eftampe, pourroient vous faire peindre ces chofes fur toile & fans modele.

LA

LA MARQUISE.

Que j'en ferois ravie ! Mais parlons d'abord de nos eftampes.

M. VISPRE'.

Choix des eftampes.

On réuffit au mieux à les métamorphofer en tableaux. Travaillons les nôtres que je crois affez imbibées. Votre choix doit tomber, Madame, fur les eftampes en matiere noire, telles que font celles que nous allons peindre. Elles valent mieux que les autres pour notre objet, comme plus légerement empreintes, & plus ombrées. Les meilleures nous viennent d'Angleterre.

Ce que vous voyez, Madame, dans cette jatte, eft de la térébenthine ; &

E

dans cette autre, c'eft de l'huile de noix.

❧ Qualité & préparation du verre. ☙

Tenez votre pinceau, voici le mien : prenez avec cette ferviette de peur de vous brûler, un de ces deux Verres d'Allemagne, qui fe font doucement échauffés aux côtés de la cheminée; effuyez-le bien; obfervez qu'il ne s'y rencontre ni bouillons, ni boudines; en un mot, qu'il foit ainfi que le mien que j'effuie, d'un poli parfait

LA MARQUISE.

On ne peut affurément voir un verre ni plus blanc ni plus beau.

M. VISPRE'.

Les momens nous font chers, tan-

dis que votre verre eſt chaud, étendez
ſur une de ſes ſurfaces de la térébenthine avec votre pinceau ; faites-l'y,
comme moi, couler, de façon qu'il
n'y ſubſiſte aucuns grumeaux, & qu'elle s'y trouve par-tout également.

LA MARQUISE.

Fais-je bien ainſi ?

M. VISPRE'.

On ne peut mieux. Continuez,
Madame, à bien étendre votre térébenthine. Voilà dans ces deux réchauds un peu de cendres chaudes:
mettez ſur celui-ci votre verre, afin
qu'il conſerve ſa chaleur, tandis que
je poſe le mien ſur cet autre: à mer-
veille, Madame.

❧ Seconde préparation de l'estampe. ❧

Etendons maintenant sur la table, chacun de notre côté, deux serviettes, l'une sur l'autre. Allons, maintenant à notre vase, vous m'en verrez retirer votre estampe. La voici, Madame; prenez-là du bout des doigts & l'allez, s'il vous plaît, coucher sur vos serviettes: je vais retirer celle qui reste dans l'eau, pour la poser aussi sur les miennes.

LA MARQUISE.

Est-elle bien comme cela?

M. VISPRE'.

Tout à l'heure, Madame, je suis à vous. Elle est comme je l'aurois moi-même, assise. Prenons, Madame, chacun deux autres serviettes, & couvrons-en nos eſtampes , en appuyant légerement deſſus , afin qu'elles ne ſoient pas trop noyées d'eau , & donnons le tems aux ſerviettes de s'imbiber de l'eau de nos eſtampes, tandis que nous repaſſerons nos pinceaux ſur nos verres; car il eſt eſſentiel que la térébenthine ſoit par-tout également étendue.

LA MARQUISE.

Je ſuis déjà familiere dans cette opération; la térébenthine me paroît également claire, nette & diſtribuée partout.

M. VISPRE'.

Application de l'eſtampe ſur le verre.

Oui , Madame ; nous pouvons à préſent retirer les deux ſerviettes qui

E 3

font fur nos eftampes.   Levez l'eftampe du bout des doigts, & comme moi, appliquez-là du côté de fa furface empreinte, fur celle du verre chargé de la térébenthine; très-doucement, Madame, commencez par une partie, & finiffez par l'autre; prenez garde furtout qu'il ne fe faffe & ne refte aucun vent, ni vuide entre l'eftampe & le verre, cela feroit manquer toute l'opération.

LA MARQUISE.

Je crois qu'il n'eft gueres poffible de l'appliquer avec plus de jufteffe, le verre n'excede point l'eftampe, ni l'eftampe le verre. Tout le papier me paroît uni, par conféquent, je crois, également collé.

M. VISPRE'.

Troifiéme préparation de l'eftampe.

Vous avez, Madame, opéré comme un Ange. C'eft ici où il faut redoubler d'adreffe ; pofez votre verre chargé de fon eftampe fur vos deux ferviettes qui font reftées étendues fur la table, & pendant que cette eftampe eft encore humide, frottez doucement, & levez enfuite avec le doigt les couches du papier qui la compofent, il fe détachera par petites parcelles, à l'exception de la derniere couche où eft l'empreinte, qui reftera fixée par la térébénthine fur toute la furface du verre. Suivez-moi précifément dans cette opération.

LA MARQUISE.

Cela va, en vérité, tout seul, je ne me trouve nullement embarrassée; toutes les couches du papier se détachent au moindre remuement de mes doigts, á l'exception de la derniere couche que la térébenthine fixe sur le verre. Que vois-je! il semble à présent que l'estampe ait été empreinte des deux côtés. Je vois tout le Jugement de Paris sur le revers de la derniere couche, tout aussi-bien qu'il y paroît de l'autre côté, à travers le verre; & c'est aussi chez vous la même chose: n'est-ce pas une jolie invention!

M. VISPRE'.

Quatrième préparation de l'eſtampe.

Dans un moment, Madame, votre ſurpriſe augmentera. Pendant que la derniere couche qui reſte du papier de l'eſtampe ſéchera, nous aurons le tems de preparer votre palette. Vous allez donc, Madame, vous en ſervir pour la premiere fois, paſſez-y le pouce pour la contenir ſur la main.

LA MARQUISE.

Cette palette eſt tout-à-fait mignonne; voyons un peu ſi je la tiendrai bien.

M. VISPRE'.

Palette.

Très-bien, aſſurèment, il faut enfoncer seulement un peu plus le pouce dans le trou; encore, bon, nous y voilà.

❧ Arrangement des couleurs. ☙

Il faut, & souvenez-vous en, Madame, en charger les devans, ainsi que je l'obferve, de blanc de plomb; placer à côté les couleurs jaunes après les rouges, enfuite les brunes & les noires. Quant aux différentes teintes dont je charge auffi votre palette, à mefure que nous les emploierons, je vous en détaillerai la compofition fi clairement, que votre tableau fait, vous ferez non feulement en état de la charger vous-même, mais encore de donner à qui vous voudrez la même leçon que vous prenez de moi.

LA MARQUISE.

N'allez-vous pas aussi charger la vôtre?

M. VISPRE'

Oui, Madame, il le faut, puisque je vous ai promis une leçon de Theorie & de Pratique ; pendant que je travaillerai amusez-vous à voir si mes estampes sont séches.

LA MARQUISE.

Quoi, déja! Elle me le paroissent ; mais il me semble qu'on ne voit plus si bien le dessein que quand nous les avons remises sur ces réchauds.

M. VISPRE'.

Ne vous en chagrinez point, nous

allons y remédier. Prenez, Madame, un de vos pinceaux, trempez-le dans cette huile de noix, que vous étendrez ſur toute la ſurface de votre papier, comme vous avez fait votre térébenthine ſur le verre.

LA MARQUISE.

Eh, Monſieur, voyez, nous ſommes perdus, la derniere couche du papier de l'eſtampe eſt fondue, il ne reſte plus abſolument ſur le verre que l'encre de cette même eſtampe, où toutes les figures ſont reſtées.

M. VISPRE'.

Je vous l'avois bien dit, Madame, que votre ſurpriſe iroit plus loin; détrompez-vous cependant, votre papier

n'eſt point fondu , l'huile l'a ſeulement rendu auſſi tranſparent que le
verre, c'eſt ce qui cauſe votre erreur.

LA MARQUISE.

Voilà aſſurément le roi de tous les
amuſemens ; je vais imbiber auſſi la
vôtre; ceci mérite bien d'être vû deux
fois. S'il y avoit là dix eſtampes, je
les voudrois toutes préparer. Oui,
voilà le pareil changement. En vérité, c'eſt bien curieux.

M. VISPRE'.

Etudions maintenant, Madame, notre eſtampe avec attention; rappellez-
vous le détail que je vous ai fait des
parties du deſſein: obſervez, en vous
reſſouvenant de la définition des tein-

tes & de ſes gradations, les proportions des parties dont l'enſemble expri-
me, ſoit un homme, ſoit une femme,
un vieillard, un enfant, un ruiſſeau,
un arbre, un lointain, un payſage,
un édifice, le ciel, ſoit enfin toute
autre figure empreinte dans l'eſtampe
qu'on veut colorer. Quand vous vous
ferez rendue la vôtre aſſez familiere
pour la voir dans tous ſes rapports,
même des yeux de l'imagination, c'eſt
alors que nous prendrons chacun notre
pinceau pour peindre un homme ſur
un homme, une draperie ſur une draperie, un arbre ſur un arbre, & ainſi
des autres détails de l'eſtampe, ſelon
les couleurs dont tous ces différens
objets ſont ſuſceptibles.

LA MARQUISE.

Nous commencerons quand vous voudrez, je vous proteste que l'eſtam-pe eſt empreinte dans ma tête, comme ſur ce papier.

M. VISPRE.

Reprenez donc , Madame , votre palette & vos pinceaux, il nous fau-droit chacun un chevalet, mais au dé-faut , ces deux pupîtres de la Chine nous en ſerviront ; aſſeyez-vous dans ce fauteuil, je vais me placer à côté de vous; obſervez , Madame , tandis que nous travaillerons chacun ſur le revers de notre eſtampe , de tremper votre pinceau dans les mêmes teintes où vous me verrez tremper le mien;

elles ont le même ordre fur votre palette que fur la mienne, ainfi vous ne
pouvez vous y tromper: à mefure que
nous en changerons, je vous avertirai
par l'explication que je vous ferai des
couleurs qui entrent dans leurs compofition.

LA MARQUISE.

Je fuis prête à vous fuivre des oreil-
les, de l'œil & de la main.

M. VISPRE'.

▪ Gradations des couleurs de chair. ▪

En commençant par les carnations,
Venus & l'Amour auront votre premier coup de pinceau. C'eft très-bien
débuté, Madame; continuez: les carnations tendres, foit de femmes, enfans,

fans, ou petits génies, fe font en broyant avec le couteau une petite pointe de bleu dans du blanc de plomb; ce qui fert pour les grands clairs des chairs.

Teintes des carnations de femmes & d'enfans.

Il faut toujours placer cette teinte fur un coin de la palette, comme vous la voyez fur la vôtre : cette autre où nous trempons actuellement notre pinceau, eft compofée d'une certaine quantité de blanc de plomb, à laquelle on joint environ une huitiéme partie de jaune de Napels; c'eft ce qui fait, Madame, la bafe de toutes les teintes des chairs; celle qui fuit eft une partie de la précédente teinte, à laquelle on joint très peu de carmin; de façon

qu'elle eſt preſque d'accord à la premiere qui n'eſt compoſée que de blanc
& de bleu.

LA MARQUISE.

Je vous écoute, je vous regarde, je
travaille, & ce qui me ſurprend, je
ne ſuis point embarraſſée.

M. VISPRE'.

Il ne faut, Madame, pour réuſſir
dans ce genre de peinture, que la vo-
lonté de s'y amuſer.   Faiſons à préſent
uſage de la ſeconde teinte des chairs;
on la compoſe, comme la précédente,
de blanc de plomb & d'un huitiéme
de jaune de Naples, à l'exception
qu'au lieu de la quantité de carmin
qui y entre, on y ſubſtitue le double

de cinnabre, & par gradation on augmente toujours le cinnabre jufqu'a la fixiéme teinte, & l'on peut ainfi faire des teintes à l'infini.

LA MARQUISE.

Le nombre des teintes pour rendre les carnations des femmes n'eft donc point limité?

M. VISPRE'.

❧ Chairs ombrées. ☙

Madame, fi les contours des chairs ne font que foiblement ombrés, fix teintes fuffifent; mais quand ils le font beaucoup on en fait ordinairement huit, dont les feptiéme & huitiéme font compofées de cinnabre & de jaune de Naples : ces deux teintes me fourniſſent une obſervation importante à vous faire: lorſque vous trouverez une maſſe d'ombre, & immédiatement après un clair, vous ferez une teinte bleuâtre compoſée de blanc & de bleu, que vous placerez ſur le clair; enſorte qu'il ſe perde avec la teinte de l'ombre que vous compoſerez de cinnabre & de jaune de Naples.

LA MARQUISE.

Je conçois ce que vous me dites, qui ne me paroît pas plus difficile à faire que ce que nous exécutons.

M. VISPRE'.

Teintes des carnations d'hommes & de vieillards.

Notre petit Cupidon & ſa mere ſont achevés, quant aux carnations: Rendons maintenant celles de Paris & de notre curieux vieillard. Les teintes que nous commençons à employer font, Madame, les couleurs de chairs d'hommes & de vieillards; la premiere teinte est composée de blanc de plomb & d'une quatriéme partie de jaune de Naples, elle fert pour les coups de lumiere; la feconde teinte est composée d'une partie de la premiere où l'on joint un peu de cinnabre; à la troisiéme on augmente le cinnabre; à la quatriéme on y ajoute une petite pointe de brun rouge; à la cinquiéme du brun rouge fans cinnabre; à la fixiéme plus de brun rouge encore; cette derniere fert pour toutes les parties ombrées des chairs.

F 3

LA MARQUISE.

Je comprends que votre premiere teinte eſt la baſe des autres, & qu'il n'eſt queſtion que d'y ajouter les couleurs que vous me nommez; rien n'eſt plus ſimple que cette opération.

M. VISPRE'.

Vous l'avez, Madame, judicieuſement refléchi. Ornons ces quatre têtes de leurs cheveux & ſur-tout de leurs yeux. Il n'y auroit tout au plus que le petit Amour qui pourroit s'en paſſer; mais comment, ſi nous lui donnions un bandeau, trouveroit-il ſa mere qu'il vient couronner?

LA MARQUISE.

M. Vifpré couche par-tout des nu-ances de galanterie. Revenons à nos yeux.

M. VISPRE'.

❧ OEil bleu. ❧

Lorfqu'on peint les cheveux blonds, il faut toujours faire les yeux bleus, grands, vifs & bien fendus, comme nous en allons donner à Venus, & tels que vous les avez. Examinez bien, Madame, le point de lumiere; mettez-y un point blanc, & fur la prunelle un point noir: chargeons le contour de l'œil d'une teinte brune, & le refte de lumiere de cette teinte bleue, compofée d'une petite pointe de bleu dans du blanc de plomb. Donnons auſſi des yeux bleus à l'Amour, il tiendra de ſa mere.

LA MARQUISE.

Peignons des yeux bleus , puiſque les yeux bleus ſont votre grand goût, vous les avez cependant bruns.

M. VISPRE'.

⁕ OEil brun. ⁕

Les miens, Madame, nous les donnerons à Paris, ils ſont bien faits pour admirer ; il s'en ſervira pour adjuger la pomme. Nous lui donnerons des cheveux bruns, parce que lorſque les yeux ſont bruns, les cheveux doivent auſſi l'être. Faiſons, Madame , un œil brun; marquez le point de lumiere & la prunelle comme vous venez de l'obferver aux yeux bleus; chargez le contour de l'œil d'une teinte brune, & les reftes de lumiere avec une petite pointe de noir dans la fixiéme teinte des chairs.

LA MARQUISE.

Donnerons-nous auffi des yeux bruns à ce vieillard?

M. VISPRE,

Oui, Madame, quand tout le monde verra clair nous ferons les cheveux que nous partagerons fuivant les yeux.

LA MARQUISE.

J'ai fait auffi mon dernier œil.

F 5

M. VISPRE'.

Cheveux blonds.

Faisons donc les cheveux ; les blonds
se font avec cette teinte composée de
blanc de plomb & de jaune de Naples,
avec une petite pointe de noir d'os.

Cheveux bruns.

La teinte des cheveux bruns se fait
d'une petite pointe de noir broyée
avec la sixiéme teinte des chairs :

Cheveux blancs.

Les cheveux blancs, que par exception nous allons mettre sur la tête de
notre vieillard ; nous les trouvons dans
le blanc de plomb, mêlé d'une petite
pointe de noir de pêches ; & pour les
ombres, il faut un peu moins de
blanc & un peu plus de noir.

꙰ Cheveux poudrés. ꙰

Il eſt d'obſervation, Madame, que la teinte des cheveux blancs ſert auſſi pour les cheveux poudrés.

LA MARQUISE.

Quand vous ne me l'auriez pas dit, je l'aurois deviné.

M. VISPRE'.

꙰ Le Linge. ꙰

Habillons ce vieillard depuis le col juſqu'aux épaules, puiſque le buiſſon qui cache le reſte de ſon corps nous arrête là malgré nous. Donnons-lui donc le haut d'une chemiſe ouverte. Pour imiter la couleur du linge, il faut faire ces trois teintes ; la premiere eſt compoſée de blanc de plomb & d'une petite pointe de bleu ; la seconde de blanc de plomb & de très-peu de noir d'yvoire ; & la troisiéme de blanc de plomb, d'une huitiéme partie de noir d'yvoire & de la même quantité d'ocre jaune. La premiere de ces teintes, Madame, est pour les grands clairs ; la seconde pour les demi-teintes, & la troisiéme pour les ombres.

LA MARQUISE.

Me voilà quitte de ma chemise sans coutures.

M. VISPRE'.

Passons, Madame, aux draperies.

LA MARQUISE.

Nous n'en ferons pas occupés long-temps ; il m'en reste un ressentiment que je n'ai pas encore tout-à-fait digéré.

M. VISPRE'.

Ce que vous appellez l'écharpe de Paris est peu de chose, j'en conviens; mais la draperie de la mere des amours est plus confidérable. Nous ne la peindrons pas moins en entier, quoiqu'elle n'en ait fur une de fes hanches que ce que la pudeur en a pû faifir, lorfqu'elle l'a jettée aux pieds de fon Juge qui vouloit, avant de prononcer, être inftruit de la caufe. C'eft, Madame, le devoir d'un Juge intégre.

LA MARQUISE.

Vous tairez-vous? Je ris, mais c'eft de colere.

M. VISPRE'.

Madame, quelle couleur donnerons-nous à notre draperie?

LA MARQUISE.

Il m'eſt tellement indifférent quelle ſoit de couleur de roſe ou de toute autre, que je ne veux pas ſeulement me donner la peine de penſer à choiſir.

M. VISPRE'.

Et l'écharpe, Madame?

LA MARQUISE.

Vous feriez votre teinte couleur de feu, que j'y tremperois mon pinceau comme dans toute autre.

M. VISPRE'.

En attendant que vous vous décidiez, Madame, je vais nommer & compoſer les teintes des différentes draperies qu'adopte la peinture; vous aurez la bonté de m'arrêter ſur celles

qui vous feront le plus de plaifir à rendre fur votre eftampe; il en réfultera
d'ailleurs encore deux avantages, l'un
de vous repofer un peu, & l'autre
d'apprendre la compofition de ces différentes teintes, dont on a fi fouvent
befoin, & dont la variété fait un fi
bel effet dans un tableau.

DRAPERIES EN GENERAL.

C'eft la repréfentation des habits,
tapifferies, linges & autres étoffes;
leur effet eft de faire connoître ce qu'elles couvrent, ou d'en exprimer le nud;
la fcience de les rendre confifte dans
l'exécution & du jet & des plis, dans
l'adhérence plus ou moins grande aux
corps, & dans le caractere, foit de lé-
gereté, foit de mouvement, par rap-

port aux figures qui font, ou dans l'agitation, ou expofées au vent.

Draperie blanche.

Il n'entre dans la premiere teinte que du blanc de plomb; elle ne fert que pour les clairs. Pour former la feconde, j'y joins une petite pointe de noir d'yvoire; on l'employe pour les demi-teintes. Dans la troifiéme il entre un peu plus de noir d'yvoire que dans la feconde; cette derniere eft pour les ombres.

Obfervation générale

Reffouvenez-vous, Madame, que pour chaque draperie, il faut toujours trois teintes ; & que des teintes que vous devez coucher fur le revers de votre eftampe, felon l'ordre que je fuis

en

en vous les compofant; la premiere fert toujours pour les clair; la feconde pour les demi-teintes, & la troifiéme pour les ombres.

L'outremer & le bleu de Pruffe ne s'em-ployent jamais purs.

☙ Draperie bleue. ❧

Pour la premiere teinte, il faut huit fois autant de blanc de plomb que de bleu; pour la feconde teinte une partie de bleu, fur quatre de blanc de plomb. Pour la troifiéme teinte une partie de bleu, & deux de blanc de plomb.

☙ Draperie violette. ❧

Il faut commencer par compofer une premiere teinte qui forme les autres;

G

elle est composée d'une partie de bleu
& de quatre parties de carmin ou de
laque fine.

Premiere teinte, une partie de cette
base, y joindre quatre fois autant de
blanc de plomb : seconde teinte, une
partie de blanc de plomb : la troisiéme
teinte sera la base ci dessus.

⁂ Draperie verte. ⁂

Une partie de bleu de Prusse & quatre fois autant de stil de grain clair donnent un très-beau verd.

La différence de vos teintes se fera,
en y mêlant plus ou moins de blanc de
plomb pour les parties plus ou moins
éclairées, & pour les ombres vous
vous servirez de la premiere teinte.

Avec plus ou moins de stil de grain

ou de bleu de Prusse, vous composerez différens verds.

Draperie grise.

Blanc de plomb avec noir de pêches; plus de blanc de plomb pour les clairs, & plus de noir pour les ombres.

Draperie d'or.

Orpin jonquille pour les brillans; orpin rouge pour les demi-teintes; brun rouge pour les fortes ombres.

Profitons, Madame, de ce dernier mélange de couleurs, pour peindre la Pomme de Discorde, avant que Venus s'en empare.

LA MARQUISE.

J'y consens; & tandis que nous la colorerons, vous m'apprendrez com-

G 2

ment elle devoit un jour caufer l'embrafement de Troyes.

M. VISPRE'.

Paris après avoir donné la pomme à Venus en préférence de Junon & de Minerve, fut chez Menelas, Roi d'Argos, dont il enleva la femme, qui étoit Hélene, fille de Jupiter & de Leda. Agamemnon, Roi de Micenes & frere de ce Menelas, pour tirer vengeance du rapt, vint à la tête des Princes & de l'armée confederée des Grecs dont il fut déclaré le Chef, mettre le fiége devant Troye, où Paris fils de Priam qui en étoit le Roi, avoit amené Hélene. Junon irritée contre Paris, qui l'avoit jugée moins belle que Venus, en ne lui donnant pas la pomme, prit parti dans la querelle & se rangea du côté des Grecs; Venus en faveur de Paris, du côté des Troyens. Ces deux Déesses entraînerent insensiblement tous les Dieux pour ou contre. Enfin l'animosité de Junon l'emporta, & Troye fut brûlée par les Grecs, après un siége de dix ans.

LA MARQUISE.

Et que devint Héléne?

M. VISPRE'.

Paris ayant été tué pendant le siege, par Pyrrhus fils d'Achille, un des Princes de l'armée des Grecs, elle se remaria à Deiphobus frere de Paris; & ce Deiphobus fut enfin tué par Menelas qui reprit sa femme.

G 3

LA MARQUISE.

Cette femme dans son tems a dû bien faire parler d'elle.

M. VISPRE'.

Oui, Madame, puisqu'il y a près de trois mille ans qu'elle est morte & qu'on en parle encore. Reprenons, s'il vous plaît, nos draperies.

Draperie d'argent.

Il faut une petite pointe de bleu dans du blanc de plomb pour les clairs ; pour les demi-teintes un peu de noir de pêches avec du blanc de plomb ; & pour les ombres plus de noir.

Draperie jaune

Il n'entre dans la premiere teinte que le jaune de Napels ; dans la seconde l'ocre jaune, & dans la troisiéme l'ocre de rue.

De toutes ces différentes draperies, vous ne vous arrêtez, Madame, sur aucunes pour colorer de Venus. Il ne m'en reste plus cependant que trois à vous nommer.

LA MARQUISE.

Je vous avois bien dit que je n'en choisirois aucune: la premiere couleur que vous allez nommer, nous nous en servirons, & celle qui suivra nous en peindrons l'écharpe.

M. VISPRÉ

Draperie couleur de rose.

Madame, la premiere teinte se fait avec le blanc de plomb, melé avec une quatriéme partie de carmin; à la

G 4

feconde teinte je mets moins de ce blanc de plomb & plus de carmin ; & j'emploie à la troifiéme teinte, le carmin feul.

LA MARQUISE.

Notre draperie prend forme.

M. VISPRE'.

Vous en fçavez, Madame, autant que le Maître ; fi vous entrepreniez une feconde eftampe, je n'aurois plus rien à vous montrer.

LA MARQUISE.

Oh, pour le coup, il y a de l'entre-prife, nous peignons en couleur de rofe & en couleur de feu, précifément parce que je vous ai dit que je ne le voulois point.

M. VISPRÉ.

Je n'avois plus, Madame, que ces deux couleurs, avec celle de poupre, à vous nommer. Je ne vous en ai parlé après toutes les autres, que pour vous faire choisir entre les premieres celles qui vous flatteroient davantage.

LA MARQUISE.

Vous êtes d'une malice inconcevable. Eh bien, voyons votre couleur de feu.

M. VISPRÉ.

Draperie couleur de feu.

Pour rendre la couleur de feu, dont nous allons enluminer l'écharpe de Paris, regardez moi premierement broyer ensemble moitié cinnabre & moitié laque fine ; & mettre cette teinte à part, pour en faire la base des trois teintes.

Premiere teinte ; une petite partie de la base, & y joindre une quatriéme partie de blanc de plomb : seconde teinte, la même base, à laquelle je joins moins de blanc de plomb : troi-siéme teinte, c'est la base, toute seu-le, c'est-à-dire moitié cinnabre & moi-tié laque fine.

Draperie pourpre.

Premiere teinte, une quatriéme par-tie de blanc de plomb : seconde teinte, de la laque & moins de blanc de plomb : troisiéme teinte, de la laque seule.

Il y a, Madame, une observation à vous faire sur ces quatre couleurs jau-ne, rose, couleur de feu & pourpre. Lorsque dans les draperies que l'on fait d'une de ces quatre couleurs, il se rencontre de fortes ombres, il est nécessaire d'y donner des coups secs de brun rouge, en suivant exactement les dispositions où se trouveront les ombres, & prenant bien garde de trancher. Je vous recommande particulierement le brun rouge, parce que cette couleur fait fuir le gris de l'estampe & se trouve relative à ces quatres couleurs.

LA MARQUISE.

Je ne perds pas un mot de tout ce que vous me dites. A quoi m'allez-vous maintenant occuper?

M. VISPRE.

Nous allons faire de suite & sans

interruption, ce qui nous reste à couvrir sur l'estampe. Commençons par nos raisins; pour plus de variété, nous en ferons de noirs & de blancs. Apprêtez-vous, Madame.

Raisins noirs.

Les raisins noirs se font avec de la laque fine & deux fois autant de bleu de Prusse. Marquez à chaque grain les coups de lumieres d'un point blanc, & les faites rougeâtres, avec un peu de cinnabre dans la teinte.

LA MARQUISE.

Si ce n'étoit pas mon Ouvrage, je dirois que ces raisins sont tout-à-fait bien faits.

M. VISPRE'.

Raifins blancs.

Il eft bien permis, Madame, de fe juger foi-même. Faifons nos raifins blancs, avec le blanc de plomb & un peu d'ocre jaune mêlés enfemble ; a-joutons-y une très petite pointe de bleu. Marquons le point de lumiere des grains avec du blanc pur, & les reflets avec un peu plus de jaune dans la teinte.

LA MARQUISE.

Je fuis contente de moi, on ne peut davantage. Courage, mon petit amour propre !

M. VISPRE.

Il est bien placé, Madame, quand on réussit aussi bien que vous faites. Travaillons à nos payfages. Il faut dans cette partie beaucoup de variété de couleurs.

Arbres.

Ces arbres touffus & ramaffés enfemble , ne les faifons pas tous d'un même verd.

Feuilles vertes claires.

Les feuilles les plus éclairées , rendons les avec une teinte compofée d'une partie de bleu de Pruffe & quatre parties d'orpin jonquille.

Feuilles vertes ombrées.

Peignons-en d'autres avec une teinte

d'une partie de bleu de Pruſſe & deux
fois autant de ſtil de grain clair, dont
nous peindrons auſſi le buiſſon qui cache le vieillard.

☙ Feuilles mortes. ❧

Colorons encore quelques feuilles
mortes, & choiſiſſons pour cet effet
celles qui ſont les plus ombrées. La
teinte qui va les former, eſt compoſée
d'ocre jaune & d'une petite pointe de
brun rouge. Vous voyez, Madame,
que notre eſtampe prend inſenſiblement forme de tableau.

LA MARQUISE.

Continuons, Monſieur; je brûle
d'en voir l'entiere métamorphoſe.

M. VISPRE'.

Avant d'achever de couvrir le haut de nos arbres de leurs feuilles de différens verds, nous leur donnerons d'abord leurs troncs & leurs rameaux; enfuite nous colorerons le ciel, les nuages & l'horizon, parce que le ciel qui doit paroître à travers les feuilles, doit fe peindre avant ces mêmes feuilles qu'il faut piquer avec la pointe du pinceau.

Troncs des arbres.

La couleur pour peindre les troncs des arbres eft compofée d'orpin rouge ou d'ocre jaune, dans les endroits les plus éclairés; & pour les ombres il faut donner quelques touches d'ocre de rue & d'autant de bleu.

La

Le ciel.

La teinte pour le ciel épure, je la compose avec du bleu d'outremer & quatre fois autant de blanc de plomb.

L'horizon.

La teinte qui rend l'horizon se fait de blanc, d'un peu de cinnabre, & d'une petite pointe de jaune de Naples.

Les nuages.

La teinte qui donne les nuages se fait avec le blanc de plomb & une petite pointe d'ocre jaune. Madame, vous nuancez votre ciel & vous l'éclairez parfaitement.

LA MARQUISE.

Eh , Monsieur ! ne me louez pas tant : je me sens assez entraînée de moi-même à chérir mon Ouvrage. Nous allons , sans doute , à présent continuer nos arbres.

M. VISPRE'.

Oui, Madame. Colorons les feuilles des uns avec nos précédentes teintes , & des autres avec cette nouvelle teinte composée d'une partie de bleu de Prusse , & de deux d'ocre jaune.

Arbres dans le lointain.

Ces arbres qui se trouvent dans l'éloignement, il faut les faire encore d'une différente teinte, que je compose de beaucoup de blanc avec du bleu & très peu de jaune.

LA MARQUISE.

Ne vous fatiguez-vous point, Monfieur; car vous êtes obligé de parler beaucoup plus que moi ? Auſſi vous tiens-je un compte infini de votre complaiſance.

M. VISPRE'.

Je ſuis extrêmement reconnoiſſant de l'attention dont vous voulez bien honorer votre Hôte reſpectueux.

∾ Montagnes éloignées. ∾

Elevons actuellement des montagnes qui ſe perdent dans l'éloignement. Il faut les peindre en gris de lin, ce qui ſe fait avec une pointe de laque fine dans ſuffiſante quantité de blanc de plomb. Comme il y en a deux qui se touchent, il faut, Madame, en varier une d'une teinte bleuâtre.

LA MARQUISE.

Quand on sçait une fois préparer son estampe & la composition des teintes, ce qui reste à faire est moins que rien.

M. L'ISPRE.

Vous n'étiez pas de cet avis, Madame, lorsque je vous ai dit qu'en trois heures je vous mettrois en état de faire un tableau tel que celui que je vous montrois, & vous n'employerez pas plus de tems à en faire un chargé de bien d'autres détails.

LA MARQUISE.

Il est vrai; &, si je n'eusse pas vu ce peint, la vérité me l'auroit dit, que je ne l'eusse pas cru.

M. L'ISPRE.

(D'Architecture.)

Travaillons, s'il vous plaît, Madame, à ce morceau d'architecture, ainsi qu'au toît rustique couvert de chaume, qui paroît être la retraite de notre vieillard.

(De Peinture.)

Les teintes pour l'architecture & les pierres, demandent pour les clairs du blanc avec une petite pointe de bleu, & pour les ombres un peu de noir dans du blanc avec une petite pointe d'ocre rouge.

✢ Chaume. ✢

On imite la couleur du chaume avec l'ocre jaune & le blanc de plomb, à peu près parties égales.

✢ Paille. ✢

Et la paille avec l'ocre de rue mêlée avec le blanc de plomb. Le bois de la cabane du vieillard se trouvera rendu avec de l'ocre jaune pour les clairs & une petite pointe de noir dans du brun pour les ombres.

✢ Boiseries. ✢

La même teinte vous servira pareillement pour les boiseries.

N'oubliez pas, Madame, que ces

différentes teintes, dont je vous ai donné la compofition, en colorant chaque fujet de notre eftampe, vous ferviront dans ceux que vous aurez par la fuite à traiter dans d'autres eftampes que vous peindrez. Si la couleur naturelle n'en eft pas tout-à-fait la même, en ombrant un peu moins ou colorant un peu plus, vous attraperez de vous-même le but & vous trouverez les rapports, à l'aide de l'ufage, ce précepteur de tous les Arts. C'eft par exemple cette raifon des rapports qui nous fait actuellement colorer la palme de l'Amour avec la teinte dont nous avons fait ufage pour nos feuilles mortes, & la couronne de myrte avec la feconde teinte de nos feuilles.

H 4

LA MARQUISE.

J'imagine bien que la compoſition des teintes eſt l'ouvrage de la raiſon; d'ailleurs, je ferai mes eſſais, & par là je ferai ſûre de ne me point tromper.

M. VISPRE'.

Nous voilà, Madame, parvenus à notre ruiſſeau, qu'il nous faut rendre d'une eau tranquillement limpide & claire.

Eau tranquille

Pour y parvenir, ſervons-nous de cette teinte verdâtre, compoſée de blanc de plomb, d'un peu de bleu, & d'une petite pointe de ſtil de grain clair.

Eau agitée.

Si l'eau en étoit agitée, il faudroit la figurer blanchâtre, avec un peu de blanc de plomb & un peu de terre verte.

Eau éloignée

Et s'il falloit faire paroître cette même eau dans l'éloignement, on la feroit bien éclairée, en la figurant couleur de ciel avec beaucoup de blanc & une petite pointe de bleu.

LA MARQUISE.

Nous sommes donc parvenus à notre dernier sujet, du moins ne vois-je plus à présent autre chose à peindre que les terrasses.

LE PEINTRE.

Il est vrai, Madame, que nous n'avons plus rien que les terrasses à colorer, pour l'entière métamorphose de nos estampes en tableaux.

Terrasses.

La teinte pour exprimer les terrasses se fait avec l'ocre de rue, une petite pointe de brun rouge & du blanc de plomb.

Observations importantes.

Pendant que nous sommes occupés à les peindre, je vous fais Madame, l'observation générale pour toutes les estampes à colorer, lorsque les fonds sont bien ombrés, il faut les couvrir de brun rouge pour faire fuir tout le gris de l'estampe.

Il est encore quelques autres teintes, dont je ne vous ai point donné la composition, parce qu'elles ne pouvoient entrer dans notre estampe, comme, par exemple, la teinte pour les

Cailloux

compofée de blanc, d'ocre de rue &
d'une petite pointe de noir de pêches.

L'acier.

Celle de l'acier qui fe rend par le bleu
de Pruffe, deux fois moins de noir de
pêches, en y joignant, pour les clairs,
du blanc de plomb.

Le cuivre.

Celle de cuivre, qui fe fait avec du
blanc de plomb & du brun rouge; &
quelques autres teintes encore que vous
apprendrez facilement, Madame, par
l'ufage & fans Maître, vous reffouve-
nant toutefois que la différence des
gradations des teintes provient du plus
ou du moins de blanc, felon les par-

ties plus ou moins éclairées à rendre. Levez, maintenant, Madame, votre verre de dessus votre pupitre, & regardez votre ouvrage au travers de ce même verre.

LA MARQUISE.

C'est bien moi qui ai fait ce tableau! Je dirois, si je l'osois, qu'il est aussi beau que le vôtre.

M. L'ESPRÉ.

Vous diriez vrai, Madame. Remarquez, s'il vous plaît, que la rétrogradation des tons ne subsiste plus, par rapport à la vôtre, puisque votre tableau que vous regardez au travers de son verre & qui le doit être ainsi, a les rehauts de la peinture couchés sur les fonds & sur les ébauches.

LA MARQUISE.

C'est ce que j'admire avec un plaisir
infini. En vérité mon tableau tient
de la mignature; il jette autant d'éclat
que le plus beau pastel; vous me voyez
devant lui dans une espèce d'adoration:
il faut, s'il vous plaît, me passer ce
foible de […] pour son premier sa-
lut.

M. L'ESPRE.

Chérissez-le, Madame: il est votre
apprentissage, il est votre chef-d'œuvre,
il est votre amorcé. […] un Peintre & je n'ai plus de […]. Cultivez la
peinture, […] bien digne
de vous amuser […] un Art noble,
un Art excellent, […] les Grecs descendoient
[…] appliquer & de

l'exercer fous peine de la vie. Douée, comme vous l'êtes, d'un efprit fin & délié, vous n'aviez befoin pour y réuffir que de notre entretien ; par lui vous poffédez le fecret de la main d'œuvre, vous avez l'Hiftoire de la Peinture, fa définition, fes parties ; vous connoiffez les couleurs, vous compofez les teintes ; vous les employez felon les loix de la perfpective, vous les chargez, vous les affoibliffez felon les accidens du lumineux & du diaphane, vous rendez les différentes lumieres, tant des corps lumineux que des corps illuminés ; vous avez les reflections, vous avez les ombres, vous exécutez les différentes vifions, ou afpects, felon la pofition du fpectateur ou des chofes regardées ; par lui vous avez enfin,

Madame, ce qui produit cette force, cette fierté, cette douceur & ce précieux qui se trouvent dans les tableaux.

LA MARQUISE.

Je conçois tout le prix du présent que vous me faites ; aussi ma reconnoissance ne peut-elle aller plus loin que par une obligation qu'il faut que je vous aye encore : vous ne sçaurez cependant ce que c'est qu'après que vous m'aurez promis de ne me pas refuser.

M. VISPRÉ.

Ordonnez, Madame, vous êtes sûre d'être obéie.

LA MARQUISE.

Vous me le promettez au moins. Avez-vous la mémoire heureuse?

M. VISPRÉ.

Très-heureuse, Madame.

LA MARQUISE.

Vous ne pouvez donc plus vous en dédire. Si vous voulez que je jouisse de tout le fruit de votre leçon, il faut me donner couché sur le papier tout ce que nous avons dit aujourd'hui, sans en omettre la moindre chose, pas même une phrase, pas même un mot, s'il est possible. Par ce moyen lorsque je voudrai m'amuser à peindre, je vous aurai toujours avec moi.

M.

M. VISPRE'.

Madame, qu'exigez-vous!

LA MARQUISE.

Ne fçavois-je pas bien que j'allois être refufée?

M. VISPRE'.

Non, Madame, j'obéirai; mais auffi dans les endroits où vous verrez que la mémoire m'aura manquée, pour me fervir de vos expreffions, foyez indulgente, & reffouvenez-vous qu'un Peintre connoît mieux un pinceau qu'une plume.

LA MARQUISE.

Je ferai tout ce qu'il faudra être. Prenons maintenant un peu l'air.

I

M. VISPRE'.

Si la jeune Veuve qui m'a commandé le tableau que je viens de remettre dans ma boîte ne l'avoit pas ce foir, elle ne me le pardonneroit pas aifément; & l'obligation où je fuis de le lui porter ne me permet point, Madame, de jouir plus longtems de l'honneur d'être avec vous.

LA MARQUISE.

Cela eft vraiment fort mal : allez donc, puifqu'on ne peut vous retenir, confoler votre Veuve. Quand retournez-vous en ville?

M. VISPRE'.

Madame, demain.

LA MARQUISE.

Vous me ferez plaisir de me faire un petit assortissement d'estampes, de verres, de couleurs, & de tout ce dont vous penserez que j'aurai besoin pour peindre, & de me l'envoyer le plutôt qu'il vous sera possible.

M. VISPRE'.

Ce sera, Madame, mon premier soin en arrivant. Permettez-vous, Madame, que je prenne congé de vous?

LA MARQUISE.

Il faut bien laisser aller ce qu'on ne peut retenir.

M. VISPRE'.

Je suis votre très-humble Serviteur.

LA MARQUISE.

Adieu, Monsieur, Vispré, portez vous bien.

F I N.

TABLE

DES

MATIERES.

PREMIER ENTRETIEN.

T A B L E

SECOND ENTRETIEN.

TABLE des MATIERES.